COMMISSION EXÉCUTIVE DU CONGRÈS

RAPPORT

au nom de la Sous-Commission chargée d'étudier
l'établissement de

La Taxe de Séjour

PRÉSENTÉ PAR

M. le Dr NIVIÈRE

Membre de la Chambre d'Industrie thermale de Vichy

PARIS

ÉDITIONS DE LA "GAZETTE DES EAUX"
3, Rue Humboldt, 3

1913

Congrès des Villes d'Eaux
Bains de mer et Stations climatiques

COMMISSION EXÉCUTIVE DU CONGRÈS

RAPPORT

au nom de la Sous-Commission chargée d'étudier
l'établissement de

La Taxe de Séjour

PRÉSENTÉ PAR

M. le Dr NIVIÈRE

Membre de la Chambre d'Industrie thermale de Vichy

PARIS
ÉDITIONS DE LA " GAZETTE DES EAUX "
3, Rue Humboldt, 3

1913

CONGRÈS DES VILLES D'EAUX, BAINS DE MER ET STATIONS CLIMATIQUES

Commission exécutive du Congrès

RAPPORT

au nom de la sous-commission (1) chargée d'étudier l'établissement de

LA TAXE DE SÉJOUR

Présenté par

M. le Dr NIVIÈRE

Membre de la Chambre d'Industrie thermale de Vichy

MESSIEURS,

A sa dernière réunion de décembre, la Commission exécutive du congrès a, sur la proposition de M. le sénateur Forsans, chargé une sous-commission d'étudier l'établissement de la taxe de séjour dans les stations.

Dans la pensée du promoteur de cette étude, il y avait intérêt à coordonner les différents projets précédemment élaborés dans plusieurs régions et à les fusionner, s'il était possible, de façon à faciliter l'application de la loi du 13 avril 1910. En prenant, comme point de départ, des bases similaires, sinon identiques, et en mettant en relief leurs points communs et leurs différences, il nous était permis d'espérer l'établissement, dans toute la France, de taxes

---

(1) La Commission était composée de M. le sénateur Forsans, maire de Biarritz, président, Mme Barrautte du Plessis, MM. Colin, Dr Gardette, Lequime, Sarciron Rainaldy et Dr Nivière, rapporteur, auxquels avait bien voulu s'adjoindre M. Petit.

2

sensiblement équivalentes, susceptibles de mettre l'étranger qui viendrait se soigner ou simplement villégiáturer dans nos stations, à même de savoir d'avance à peu près à quelle taxe il serait assujetti, suivant qu'il se logerait dans un hôtel, ou une villa de premier, de second ou de troisième ordre.

C'est dans cette pensée que votre Commission a commencé ses travaux et c'est l'exposé de ces travaux que je vais avoir l'honneur de vous faire.

Projets de la Fédération thermale d'Auvergne et du Congrès de La Rochelle

Dès le début, votre Commission s'est trouvée en présence de deux modes de détermination de l'assiette de la taxe, assiette que la loi oblige les conseils municipaux à mentionner dans leur demande d'établissement de la taxe et à établir suivant les bases indiquées par l'article 3 de la loi.

L'un, qui est assurément le plus simple et qui vient tout naturellement à l'esprit, consiste à asseoir la taxe sur le prix de location du logement (chambre, appartement ou villa meublée) et à en déterminer le tarif suivant l'importance de ce prix. C'est le mode qui fut adopté par la Fédération thermale d'Auvergne, et dont vous trouverez l'exposé dans le rapport très complet de notre collègue M. Rebois, maire de La Bourboule.

L'autre, moins facile à comprendre pour toutes les personnes qui ne sont pas au courant du mode de détermination de l'assiette de nos impôts directs, c'est-à-dire pour la grande majorité des Français, consiste à asseoir la taxe sur la valeur locative de l'immeuble dans lequel est logé l'étranger qui séjourne dans nos stations. C'est le projet qu'a défendu notre collègue M. le sénateur Forsans, maire de Biarritz, projet que vous trouverez très clairement exposé dans son rapport au Congrès de La Rochelle.

Pourquoi donc, en présence d'un projet précédent très simple, M. le maire de Biarritz s'est trouvé amené à en chercher un autre, qui paraît à la plupart d'entre nous beaucoup plus compliqué. C'est que la loi (art. 5 du règlement d'administration publique du 26 juin 1911) oblige les maîtres d'hôtels et les logeurs à afficher les prix de location dans les

locaux occupés, quand le Conseil municipal a choisi le prix
de location de ces locaux comme assiette de la taxe, et que
cet affichage dans chaque chambre ou dans chaque villa lui
a paru devoir gêner les maîtres d'hôtels et les logeurs pour
louer plus cher leurs chambres ou leurs villas, s'il leur arri-
vait de pouvoir le faire ; c'est également que certains hôteliers ou logeurs ne lui ont semblé ni très empressés à
accepter la classe dans laquelle leur établissement paraissait
devoir être rangé d'après les avis émis par les plus autorisés
assurément et les plus compétents d'entre eux, ni très disposés à se soumettre sans les critiquer aux justes apprécia-
tions de leurs collègues ; c'est, enfin, qu'il se préoccupait
de trouver un moyen présentant toute garantie de justice et
de sincérité, n'éveillant ni jalousies, ni rivalités et permettant automatiquement, en quelque sorte, quelque soit l'importance des stations, de classer les établissements meublés et d'appliquer des taxes uniformes dans les établissements de même importance. Aussi, a-t-il estimé bien pré-
férable, en sa qualité de représentant d'une municipalité,
de rechercher comme assiette de la taxe une base qui était
déterminée d'avance par un organisme extra-municipal (le
service des contributions directes en l'espèce) et qui, en
supprimant l'affichage du prix de location dans les locaux
loués, supprimait aussi sinon toutes, du moins beaucoup de
critiques.

En fait, le prix de location de la chambre ou de l'appartement meublé servait toujours de guide, mais les catégories
et le taux de la taxe une fois envisagés par rapport au prix
de location, il s'agissait de les adapter à une formule basée
sur la valeur locative de l'immeuble.

Qu'est-ce donc que la valeur locative d'un immeuble :
chambre, appartement ou maison, destiné ou non à être
meublé ? C'est une valeur déterminée administrativement
par le contrôleur des contributions directes et, en cas de
désaccord entre le contrôleur et l'imposé, par le conseil de
préfecture faisant fonction de tribunal administratif. Elle a
pour base principale le loyer de la chambre, de l'appartement ou de la maison *non meublée*, mais elle ne se confond
pas avec elle ; elle ne s'y confond pas parce que, d'abord,

l'immeuble peut appartenir à l'exploitant et ne pas être loué, et aussi parce que le véritable taux du loyer peut être dissimulé ; elle s'établit par comparaison avec des immeubles voisins, dont le prix de location correspond de notoriété publique avec la valeur réelle de l'immeuble loué.

La *valeur locative*, valeur officiellement déterminée par les agents du ministère des finances et le conseil de préfecture au besoin, est la valeur du loyer normal d'un *immeuble*, c'est-à-dire d'une *construction non meublée ;* elle ne se confond en aucun cas avec le prix de *location* d'une chambre, d'un appartement ou d'une maison *meublée ;* mais l'une et l'autre valeur ont des rapports entre elles. La valeur locative sert de base à l'établissement de la patente.

Base de comparaison de toutes les stations françaises entre elles et assiette de la taxe

Les avantages du système préconisé par M. le Maire de Biarritz ont paru tels à votre Commission qu'elle a recherché la formule qui pourrait traduire ce système d'une façon pratique.

Elle a écarté la proposition faite par son honorable président de choisir comme assiette de la taxe la valeur locative globale de l'hôtel. Sans contester qu'une telle formule put trouver son application dans une station déterminée, elle a été de l'avis déjà émis par plusieurs membres de la Commission exécutive, lors d'une précédente réunion, que des hôtels d'une valeur locative égale pouvaient avoir un nombre de chambres très différent et appartenir, de ce fait, à des catégories différentes et elle en a constaté des exemples.

Elle a ensuite abordé l'étude de la proposition, que son rapporteur avait eu l'honneur de vous faire, de choisir comme assiette de la taxe le produit de la valeur locative d'un hôtel divisé par le nombre des chambres qu'il contient. La comparaison des valeurs locatives de plusieurs hôtels et maisons meublées de même ordre de Biarritz, Contrexéville, La Bourboule, Le Mont-Dore, Royat, Saint-Nectaire et Vichy, lui a permis de constater des différences telles qu'elle a dû renoncer à comparer entre eux les hôtels et les maisons meublées de stations différentes, même en tenant compte du temps moyen pendant lequel les chambres des uns et des autres sont occupées. Par contre, elle a constaté que la comparaison au moyen de la valeur locative pouvait parfaitement s'établir dans une même station ; certes, il existait encore quelques irrégularités probablement liées au plus ou moins d'ancienneté des baux ou encore au fait que telle maison était louée, tandis que telle autre était exploitée par son propriétaire ; mais ces différences de détail n'empêchaient nullement la comparaison de s'établir d'une façon équitable pour la très grande majorité des constructions meublées. Il est même ressorti d'un examen portant, il est vrai, sur un petit nombre d'hôtels de la seule station de Vichy, que le quotient était encore plus équitable si, au lieu de l'obtenir en divisant la valeur locative globale par le nombre de chambres, on le calculait en divisant cette valeur par le nombre de lits : la chambre à un lit comptant pour une unité et la chambre à deux lits pour deux.

En présence de ces résultats, votre Commission a estimé que la véritable *base de comparaison des stations les unes aux autres* était le prix d'une journée de séjour dans un hôtel, prix comprenant à la fois le logement et la nourriture, mais que la *base ou assiette légale de l'impôt* devait être le quotient de la valeur locative d'un hôtel par le nombre de ses chambres ou de ses lits, quotient variable avec les stations, mais équitable dans une même station.

Il a semblé impossible d'imposer à tous les maîtres d'hôtels ou logeurs l'affichage du prix de location de leurs chambres, appartements o ı villas. En admettant que cet affichage soit facile à réaliser dans les hôtels de premier ordre, il est le plus souvent très difficile dans les hôtels d'ordre inférieur et tout à fait irréalisable chez les petits logeurs. Suivant les années, ceux-ci louent parfois leurs chambres, leurs appartements ou leurs villas, pendant toute la saison à leur prix le plus élevé ; d'autres fois, ils ne les louent pas du tout de toute la saison, d'autres fois encore, ils les louent à des prix intermédiaires ; afficher les prix réellement pratiqués dans ces conditions équivaudrait à afficher « prix de location : tel prix, à moins que ce ne soit tel autre ou un prix intermédiaire », c'est-à-dire à ne rien afficher du tout, et, suivant le prix réellement loué, l'assujetti à la taxe de séjour se trouverait exposé à passer d'une classe à une autre, d'une année à l'autre, tout en occupant le même local à la même époque.

D'ailleurs, ni les membres du conseil municipal, ni les membres de la chambre d'industrie thermale ou climatique ne seraient disposés à gêner leurs concitoyens dans l'exercice de leur profession et à fausser cette grande loi de l'offre et de la demande qui régit l'industrie hydrominérale ou climatique comme toute autre, en imposant à leur station une mesure qui peut être évitée.

Base de comparaison des hôtels des différentes stations

Ces principes admis, votre Commission a pensé qu'il convenait de diviser les hôtels en cinq catégories, d'après le prix qu'ils demandent à leurs clients pour une journée, prix comprenant le logement et la nourriture :

Catégorie A : hôtel dont le prix de la journée est de moins de 5 francs.
—   B : hôtel dont le prix varie de   5 fr. à 7 fr. 95
—   C :   —   —   —   8 fr. à 11 fr. 95
—   D :   —   —   —   12 fr. à 24 fr. 95
—   E :   —   —   est de 25 fr. et au-dessus.

Si nous admettons que les clients d'un hôtel dont le prix est inférieur à 5 francs devront être exempts de la taxe, il apparait de suite qu'une station qui possédera des hôtels pratiquant tous les prix ci-dessus verra sa taxe divisée en 4 classes ; qu'une autre qui ne possédera que des hôtels pratiquant les prix des catégories A B C D, n'aura que trois classes d'assujettis ; qu'une troisième qui ne posséderait que des hôtels pratiquant les prix des catégories A B C, n'en aurait que deux ; qu'une quatrième, enfin, pourrait n'en avoir qu'une.

Il est bon de spécifier qu'il n'est point dans l'esprit de votre Commission d'indiquer ici des chiffres qui doivent être appliqués *ne varietur* à la détermination de la base de comparaison des stations les unes aux autres ; son ambition est plus modeste ; elle prétend seulemenl indiquer aux stations comment elles· pourraient procéder pour établir des comparaisons équitables et elle s'estimera heureuse si elle parvient avec votre appui à faciliter l'application de la taxe et à vulgariser la méthode qu'elle croit susceptible de faire le moins de mécontents. Elle comprend parfaitement que les chiffres qu'elle indique puissent subir quelques très légères modifications d'une station à une autre, modifications que justifieront peut-être le taux plus ou moins élevé du prix du terrain à bâtir, du prix de revient de la construction et surtout le prix moyen des denrées alimentaires.

Assiette de la taxe de séjour applicable aux clients d'un hôtel

Les hôtels ainsi classés d'après leur prix de pension pour la comparaison d'une station à une autre, le seraient de nouveau *dans la station d'après leur valeur locative et le nombre de leurs chambres ou de leurs lits*, et c'est ce nouveau classement qui servirait de *base légale* à l'établissement de la taxe de séjour ; c'est aussi ce dernier classement que le conseil municipal indiquerait dans sa délibération pour se conformer à l'article 3 du règlement d'administration publique du 26 juin 1911.

Base de comparaison des chambres isolées et des maisons meublées appartenant à différentes Stations

Le classement des hôtels ne suffit pas pour classer les chambres isolées, maisons, appartements ou villas meublés appartenant à nos différentes stations françaises, mais il peut nous servir de guide pour opérer ce classement. Avant d'y procéder, il est nécessaire de bien spécifier ce que nous entendons par hôtel, chambre, mai-on, appartement ou villa meublés. Les uns et les autres sont des constructions ou parties de construction garnies de meubles, exploitées par un industriel patenté (hôtelier ou logeur) et mises à la disposition des malades, passagers ou autres personnes pour y demeurer plus ou moins longtemps ; mais, tandis que l'hôtelier assure à son client le logement, le service de ce logement et la nourriture, le logeur, qui exploite une chambre isolée ou une maison meublée, assure seulement le logement et le service, et celui qui exploite un appartement ou une villa, laisse à son client le soin d'assurer lui-même le service. Il en résulte naturellement la division des diverses constructions meublées en trois catégories distinctes : les *hôtels*, qui assurent à la fois logement, nourriture et service ; les *chambres* isolées et les *maisons* meublées, qui assurent le logement et le service, sans se préoccuper de la nourriture, et les *appartements* et *villas* meublés qui assurent le seul logement.

Il sera donc bien entendu que dans tout ce rapport, les mots *hôtels, chambres isolées, maisons meublées, appartements* ou *villas* auront le sens que nous venons d'indiquer, en admettant, par exemple, qu'un appartement dont le service serait assuré par le logeur devrait, quel que soit le nombre de ses pièces, rentrer dans la catégorie des maisons meublées et n'être considéré que comme la réunion de chambres de cette maison, de même qu'une maison meublée, qui assure la nourriture à ses clients, doit rentrer dans la catégorie des hôtels. Il existe à cet égard, il faut bien le reconnaître, une telle confusion dans nos stations françaises, que ces diverses expressions n'ont plus de signification précise et sont le plus souvent employées indifféremment les unes pour les autres.

Les renseignements que nous possédons nous permettent de diviser les chambres et les maisons meublées en cinq catégories, correspondant aux cinq catégories d'hôtels que nous avons déjà admises, et le classement que nous vous proposons n'est autre qu'un classement basé sur la partie du prix global de la journée d'hôtel attribuable au logement et au service de ce logement, et obtenu en défalquant du prix total la partie de ce prix afférente à la nourriture. Le classement est établi d'après le prix de location journalier d'une chambre.

Catégorie A : chambre louée moins de 1 fr. 25 par jour.

—	B :	—	—	de 1 fr. 25 à 2 fr. 95	—
—	C :	—	—	de 3 fr. à 4 fr. 95	—
—	D :	—	—	de 5 fr. à 7 fr. 95	—
—	E :	—	—	8 fr. et au-dessus.	—

Si l'on admet que les clients des chambres dont le prix de location journalier est inférieur à 1 fr. 25 seront exempts de la taxe, il apparaît que les assujettis pourront être soumis à quatre, trois, deux et même une seule classes de taxe, suivant les stations.

Ces classes correspondent à celles qui seront applicables aux hôtels appartenant à la catégorie désignée par la même lettre.

Base de comparaison
des appartements et des villas meublés
des différentes Stations

Les explications que nous venons de donner nous montrent que pour opérer le classement des appartements et des villas meublés, il nous faut défalquer, du prix de location de la chambre isolée ou de la chambre de la maison meublée, la partie de ce prix afférente au service. Mais le service n'est pas le seul élément de différenciation entre les appartements ou les villas et les chambres de maisons meublées ou d'hôtels. Une chambre d'hôtel ou de maison meublée se loue parfois avec une salle de bains et un salon qui lui sont annexés, mais elle n'est généralement pas louée avec une salle à manger et, en aucun cas, avec une cuisine, comme l'est le plus souvent l'appartement meublé. La villa a des dépendances plus nombreuses encore : cave presque toujours, grenier et petit jardin souvent, remise ou garage quelquefois. Quelle importance convient-il d'attribuer à ces dépendances dans l'évaluation des bases de comparaison que nous cherchons à établir ?

Il nous a paru qu'en diminuant le prix global de location de 10 o/o pour les appartements et de 20 o/o pour les villas, nous restions dans la note juste.

Une autre question se pose encore : à quelle catégorie appartiendront l'appartement ou la villa, suivant qu'ils seront occupés par 2, 3, 4 locataires ou plus encore ; il est bien évident qu'une petite villa bien aménagée qui comprendrait 5 pièces principales : salon, salle à manger, 2 chambres de maître à 1 lit et une chambre de bonne, et qui se louerait 25 fr., par exemple, changera de catégorie suivant qu'elle sera occupée par un seul maître et une bonne ou quatre maîtres et une bonne (le salon et la salle à manger peuvent, au besoin, être transformés en chambre à coucher et le fait se produit fréquemment). Si nous diminuons le prix global de 25 fr. de 20 0/0, le prix de location utilisable pour le classement est de 20 fr., soit 10 fr. par personne dans le premier cas et 4 fr. par personne dans le second. Dans le premier cas, la villa rentre dans la catégorie E des maisons meublées et dans la catégorie C dans le second.

Toutes ces particularités constituent des difficultés qui ne sont point insurmontables et, chaque jour, les contrôleurs des contributions directes en ont de plus compliquées à résoudre. Il n'est pas impossible, en effet, de dresser un barême déterminant d'avance la catégorie à laquelle appartiendra l'appartement ou la villa, suivant le nombre de personnes qui l'occuperont, et d'afficher ce barême dans la villa ou l'appartement.

Assiette de la Taxe de Séjour
des chambres, maisons, appartements.
ou villas meublés

Ainsi que les hôtels, les chambres isolées, maisons, appartements ou villas meublés seront de nouveau classés, *dans chaque station*, d'après leur valeur locative et ce sont les principes de ce nouveau classement qui serviront de base légale à l'établissement de la taxe.

Les chambres isolées seront naturellement classées d'après la valeur locative qui leur est propre et les maisons meublées d'après le quotient obtenu en divisant leur valeur locative par le nombre de leurs pièces ou de leurs lits. Mais ce quotient ne pourra, dans chaque catégorie, être le même que le quotient attribué à l'hôtel appartenant à une catégorie de même nom. La valeur locative de l'hôtel porte, en effet, non seulement sur la partie des locaux affectés au logement, mais encore sur les locaux affectés aux cuisines, salles à manger, etc., tandis que la valeur locative de la maison meublée porte uniquement sur les locaux affectés au logement. En définitive, le quotient qui servira à déterminer le classement des hôtels, sera légèrement supérieur à celui qui servira à classer les chambres isolées ou maisons meublées.

Quant aux appartements ou villas, leur classement s'opèrera par leur valeur locative diminuée de 10 o/o ou de 20 o/o, divisée par le nombre des occupants. Suivant que le quotient ainsi obtenu correspondra au quotient de l'une ou de l'autre des catégories des maisons meublées, l'appartement ou la villa appartiendra à la même catégorie qu'un barême, dressé à l'avance, aura soin de préciser.

Détermination du
prix d'hôtel qui servira de base de comparaison
entre les hôtels des différentes Stations

Il est facile de se rendre compte, après ce que nous venons d'exposer, comment il est possible de comparer pratiquement les différents établissements meublés des différentes stations les uns aux autres et comment aussi peut s'opérer leur classement dans chaque station, d'après leur valeur locative. Mais pour que la comparaison soit exacte, il faut que le prix de séjour à l'hôtel, qui sert de point de départ à tous nos calculs, soit exactement défini dans toutes les stations de la même façon.

La Fédération thermale d'Auvergne entend par prix d'une journée d'hôtel, le prix minimum de juillet et août ; dans les Vosges, le prix qui semble devoir servir de base est le prix moyen pendant la saison.

Il est bien certain que nous ne pouvons pas admettre pour toutes les stations hydrominérales ou climatiques de France un prix déterminé, en tenant compte uniquement des prix pratiqués pendant un ou deux mois de l'année, les mêmes pour toutes les stations ; celles-ci, fort heureusement, ne reçoivent pas leurs clients aux mêmes époques de l'année ; aussi nous a-t-il paru plus juste d'admettre que le prix d'hôtel à utiliser sera le prix moyen pratiqué pendant la saison officielle.

Du taux de la Taxe de Séjour

Les divers projets d'établissement de la taxe de séjour déjà élaborés nous permettent d'apprécier quel pourrait être le

taux de la taxe de séjour ; ils nous apprennent aussi que les
stations hydrominérales ont une tendance à adopter une taxe
d'abonnement pour la saison, tandis que les stations climatiques, au contraire, semblent préférer la taxe à la journée.
Si ces dernières ont peut-être plus souvent à appliquer la
taxe à des passagers qui ne restent que quelques jours sur
leur territoire, elles auront aussi, plus fréquemment que les
stations hydrominérales, la faculté de percevoir la taxe pendant les 28 jours durant lesquels la loi leur permet de
l'exiger. Ces conditions différentes de durée de séjour entraî-
nent une diversité du taux de la taxe à la journée, principalement.

Quoi qu'il en soit, il nous est permis d'affirmer que le
taux de la taxe de séjour qu'auront à payer les clients des
hôtels, chambres, maisons, appartements ou villas meublés
sera compris entre les limites ci-dessous énoncées, suivant
qu'ils logeront dans une maison appartenant à l'une ou à
l'autre des cinq catégories que nous avons prévues :

Classe A : exempte de toute taxe
Classe B : de 2 à 5 fr. par saison ou de o.10 à o.25 par jour
Classe C : de 5 à 10 fr.   —   —   o.20 à o.50   —
Classe D : de 10 à 20 fr.   —   —   o.40 à 1. »   —
Classe E : de 20 à 3o fr.   —   —   o.75 à 1.5o   —

Il pourra paraître illogique que les prix du tarif à la
journée ne suivent pas une marche progressivement ascen-
dante d'une classe à l'autre comme les prix du tarif à la
saison et, qu'après avoir atteint un taux maximum de o.25,
o.5o et 1 fr. dans les classes B, C et D, ils aient un taux
minimum de o 20, o.4o et o.75 dans les classes suivantes ;
cette différence tient à ce que ces prix pourront pratiquement
être appliqués, le plus souvent, pendant 19 jours dans les
stations hydrominérales, 28 dans les stations climatiques, et
qu'il est nécessaire qu'ils diffèrent quelque peu, pour concor-
der avec une taxe à la saison d'un taux uniforme.

Il est indispensable de bien spécifier que tout pensionnaire
d'un hôtel qui, au fort de la saison, loge parfois dans une
annexe momentanée de l'hôtel, doit être assujetti au taux
de la taxe exigible des clients logés dans l'hôtel même où il

prend pension, hôtel dans lequel, d'ailleurs, il sera lui-même le plus souvent logé, dès que le départ d'un client précédemment arrivé le permettra.

Autre mode de classification et de taxation des appartements et villas

Pouvait-on, comme le propose le Congrès de La Rochelle, classer les villas et appartements meublés d'après leur loyer, sans se préoccuper ni du nombre, ni de la qualité des locataires, ni de la durée de leur séjour, alors même que les hôtels seraient classés suivant un autre mode, celui, par exemple, que nous vous proposons. Nous sommes allé le demander à notre honorable collègue Me Maillard, avocat à la Cour d'appel, très compétent, comme vous le savez tous, en pareille matière et sa réponse a été affirmative.

Nous nous étions demandé si les termes de l'article 3 de la loi : « Le tarif de cette taxe peut être établi par *personne* et par jour de séjour ou par *personne*, indépendamment de la durée du séjour », n'étaient pas impératifs et ne signifiaient pas que la taxe devait être *personnelle*, la base de cette taxe restant seule impersonnelle. Le fait que les principes de la loi du 13 avril 1910 sont empruntés à des législations étrangères et qu'à l'étranger la taxe est une taxe personnelle, nous avait paru corroborer cette interprétation, qui pouvait se prévaloir aussi de la façon dont le législateur a prévu les exemptions, exemptions qui ont toutes un caractère personnel.

Mais Me Maillard nous a fait très judicieusement remarquer que la taxe personnelle était pratiquement inapplicable dans les villas. Il est impossible, en effet, de frapper les personnes que pourront recevoir les locataires de la villa pendant la durée de leur villégiature et, si ce fait n'a pas une très grande importance dans les stations hydrominérales, il en a une considérable dans les stations climatiques, où les locataires d'une villa résident parfois plusieurs mois et reçoivent des invités qui se succèdent constamment les uns aux autres. La présence et le nombre de ces invités pourraient faire que les locataires de la villa n'appartiendraient pas toujours à la même classe d'assujettis pendant toute la durée de leur séjour et contribuer encore à rendre inapplicable la taxe personnelle. Aussi M° Maillard estime-t-il que le législateur a cherché, avant tout, à créer une taxe dont la perception pouvait être assurée d'une façon pratique et qu'il n'a pas voulu dire que cette taxe serait toujours une taxe personnelle.

Il convient donc de déterminer comment les villas et les appartements meublés pourront être classés, d'après ces nouvelles bases, et quelle sera la taxe à leur appliquer.

Il est auparavant nécessaire de spécifier si toute chambre, même isolée, louée sans obligation pour le logeur d'assurer le service, devra être considérée comme un appartement meublé. Il n'a pas paru à votre commission qu'il dût en être ainsi, et elle a estimé que ces chambres devraient être assimilées aux chambres meublées louées avec le service à la charge du logeur. Il n'y a, en effet, aucun inconvénient à laisser les personnes peu aisées bénéficier de la différence de 10 o/o que nous avons admise entre les prix servant à évaluer les chambres isolées et les prix servant à évaluer les appartements, si ces personnes, dans un but d'économie, louent une ou deux chambres isolées et se chargent elles-mêmes d'assurer le service, et votre commission est d'avis que les seuls appartements composés au minimum de trois pièces (deux chambres à coucher et une salle à manger, par exemple) doivent être considérés comme appartements meublés. Il apparaîtra de suite qu'en fait, une villa ou un appartement ainsi défini, sera le plus souvent loué à 2 personnes au moins et que le prix de location sera toujours tel, que les locataires ne seront jamais dans le cas d'être exemptés de la taxe.

La *base de comparaison* des appartements et villas appartenant à *différentes stations* sera, comme pour les hôtels, le *prix moyen* de location de chaque appartement ou villa pendant la durée de la saison officielle. Le Congrès de La Rochelle avait pensé que ce prix devait être le prix réel, prix, essentiellement variable d'une saison à une autre et d'un mois à un autre pendant la même saison ; votre commission a estimé qu'une telle base pourrait inciter certains loueurs à dissimuler les prix réellement pratiqués, et elle a préféré le prix moyen établi une fois pour toutes pendant un certain nombre d'années, cinq par exemple.

Le Congrès de La Rochelle a proposé de fixer le taux de la taxe à un minimum de *4 0/0 du prix de location, correspondant à la durée du séjour imposable*, et ce taux nous a paru pouvoir être admis. La durée du séjour imposable étant de quatre semaines (article 3, paragraphe 2 de la loi du 13 avril 1910), les locataires d'une villa, dont le prix moyen de location serait de 25 fr. par jour par exemple, auraient à payer $25 \times 28 \times \dfrac{4}{100}$ ou 28 fr., quel que soit leur nombre, quelle que soit leur qualité, quelle que soit la durée de leur séjour. Aucune de ces bases de comparaison des appartements et villas appartenant à différentes stations (prix moyen de location et taux de 4 o/o du prix de location correspondant à la durée du séjour imposable) ne devrait figurer sur la demande d'établissement de la taxe adressée par le Conseil municipal, sous peine d'entraîner l'obligation pour le logeur d'afficher le prix de location de leurs appartements ou villas dans les locaux loués. Les appartements et villas seraient de nouveau classés, *dans chaque station*, d'après la *valeur locative* propre à chaque appartement ou villa, et c'est cette valeur locative qui servirait d'*assiette légale* à la taxe.

Le taux de la taxe serait fixé à *un tant pour cent à déterminer dans chaque station*, d'après les bases de comparaison exposées ci-dessus : ainsi, dans une station où la valeur locative globale de la villa, prise plus haut comme exemple, serait de 1.500 fr., le taux de la taxe serait de 2 o/o de cette valeur locative globale, et les locataires auraient à payer $1.500 \times \dfrac{2}{100}$ ou 30 fr. ; dans une autre, où cette valeur locative globale serait de 2.000 fr., le taux serait 1,50 o/o et les locataires paieraient $2.000 \times \dfrac{1.50}{100}$ ou 30 fr.

Une affiche spéciale, apposée dans chaque appartement ou villa, indiquerait le montant de la taxe à laquelle seraient assujettis les occupants, quels que soient leur nombre, leur qualité ou la durée de leur séjour.

Perception de la taxe

La loi du 13 avril 1910 prescrit que « la taxe sera perçue
« par l'*intermédiaire* des logeurs, hôteliers et propriétaires,
« art. 4 », et le règlement d'administration publique du 26
juin 1911 spécifie que lorsque « les personnes désignées aux
« articles 8 et 9 du présent décret (c'est-à-dire les hôteliers,
« logeurs ou propriétaires (art, 8) et les propriétaires et tou-
« tes personnes qui auraient l'intention de louer pendant la
« saison thermale ou climatique tout ou partie de leur habi-
« tation personnelle à des étrangers à la station (art. 9) reçoi-
« vent le montant des loyers qui leur sont dus, elles perçoi-
« vent la taxe sur les assujettis et leur en donnent quittance. »

Les obligations imposées aux hôteliers et aux logeurs
semblent avoir uniquement pour but de les empêcher de se
désintéresser de la perception de la taxe et c'est, croyons-
nous, cette préoccupation légitime qui a dicté la prescription
de percevoir la taxe en même temps que la perception des
loyers. Il ne s'ensuit pas que cette prescription ne présente
aucun inconvénient pour les intermédiaires et il est du devoir
des Conseils municipaux et des Chambres d'industrie de les
leur éviter.

L'obligation de percevoir la taxe en recevant le montant
des loyers n'implique pas que ce mode de perception puisse
être le seul à employer. Le fait que « la taxe doit être perçue
« avant le départ des assujettis, alors même que du consen-
« tement du logeur, de l'hôtelier ou du propriétaire, le paie-
« ment du loyer serait différé » (art. 10 § 2 du règlement
d'administration publique du 26 juin 1911) indique bien qu'il
en est d'autres, et, d'ailleurs, comment devra procéder le
logeur lorsqu'il touche son loyer d'avance ? Sera-t-il autorisé
à percevoir à ce même moment une taxe qui n'est pas encore
due ? Comment devra se comporter le loueur d'une villa qui
touche d'avance, comme il est d'usage, la moitié de son loyer
et à qui cette moitié de loyer reste acquise, même si le locataire ne vient pas dans la station ? Devra-t-il réclamer la taxe
à des locataires qui pourront ne mettre pas les pieds dans la
station ?

Les inconvénients redoutés des hôteliers et des logeurs

viennent surtout de la confusion qu'ils craignent de voir s'établir entre le montant de la taxe et les éléments de leur note. Il est possible qu'il y ait, en effet, quelque confusion pendant les premières années, mais dès que l'habitude sera prise de payer ce nouvel impôt, il est probable que tout inconvénient disparaîtra. Quoi qu'il en soit de ces suppositions, les Conseils municipaux et les Chambres d'industrie doivent s'efforcer de donner satisfaction aux hôteliers et aux logeurs dans la mesure où ils le peuvent. Il sera facile de le faire dans les stations où la taxe sera établie par saison ; qu'elle soit payable en un seul terme ou en deux, elle sera toujours exigible avant le départ de l'étranger et la quittance pourra être présentée avant et en dehors de la note de l'hôtelier ou du logeur. Il en sera de même si elle est établie par semaine et si elle est exigible par exemple les 3ᵉ, 10ᵉ, 17ᵉ et 24ᵉ jour de séjour ou à tous autres jours avant la fin de la semaine. Il pourra ne pas en être ainsi dans les stations où la taxe sera établie par jour de séjour. Ces stations pourront exiger qu'elle soit acquittée à la fin de chaque semaine et cette façon de procéder permettra de présenter la quittance de l'impôt avant la note de l'hôtelier ou du logeur, sauf pendant la dernière semaine, si le locataire reste moins de 30 jours.

Ces procédés sont légaux et leur emploi permet de supprimer la plupart des inconvénients redoutés. Il en est d'autres qui peuvent inciter l'étranger à demander lui-même à payer la taxe d'avance. Un très grand nombre de stations se préoccupent des avantages qu'elles pourront accorder aux personnes qui acquitteront la taxe. Ces avantages, qui pourraient consister en l'usage gratuit aux chaises de certains parcs ou promenades publiques, en l'entrée gratuite dans certains concerts ou parcs réservés, etc., ne seraient accordés qu'à ceux qui pourraient présenter la quittance constatant qu'ils ont payé la taxe de séjour, quittance qui leur servirait de carte d'abonnement ou d'entrée. C'est à multiplier ces moyens et à les combiner que doivent s'employer les Conseils municipaux et les Chambres d'industrie et il n'est pas douteux que leur collaboration ne réussisse à dissiper bien vite les craintes des hôteliers et des logeurs. Les stations ont tout intérêt à adopter de telles mesures qui ne peuvent qu'augmenter le rendement du nouvel impôt.

Des personnes exemptes de la taxe

Seront exemptés de la taxe de séjour :

1° Les enfants au-dessous de cinq ans ;

2° Les personnes inscrites au bureau de bienfaisance ou sur les listes de l'assistance médicale gratuite, en vertu de l'article 14 de la loi du 15 juillet 1893, si elles sont logées dans des maisons appartenant à la classe A ;

3° Les colonies scolaires et les enfants envoyés par des œuvres d'assistance, ainsi que leurs surveillants ;

4° Les sous-officiers et soldats en activité de service ;

5° Les employés, artistes ou autres personnes telles que maître d'armes, professeur de musique, de dessin, de danse, etc., participant au *fonctionnement* de la station (ces autres personnes doivent être désignées dans chaque station par la profession qu'ils exercent) ;

6° Les médecins, leurs femmes et leurs enfants non mariés, ainsi que toutes autres personnes participant au *développement* de la station (même remarque que ci-dessus au sujet de l'obligation de les désigner par leur profession ou leur emploi).

Des bénéficiaires de réduction de taxe

Bénéficieront d'une réduction de taxe :

1° De 25 o/o, les troisième et quatrième membres d'une même famille ; de 50 o/o. les membres suivants, à partir du cinquième.

La réduction ci-dessus sera toujours accordée, même si le chef de famille, qui comptera toujours comme premier membre de la famille, bénéficie d'une exemption de taxe ou d'une réduction à un titre quelconque.

2° De 50 o/o, les domestiques, infirmiers ou garde-malades amenés par les assujettis.

MESSIEURS,

Avant de soumettre à votre approbation les conclusions de ce rapport, il nous reste à vous parler des craintes relatives à la concurrence que pourraient se faire entre elles les diverses stations françaises au moyen de la taxe de séjour. Ces craintes se sont manifestées principalement sous deux formes différentes. Quelques stations redoutent, en instituant la taxe de séjour, de voir la station voisine ou similaire ne pas imiter son exemple ; les autres appréhendent que la clientèle abandonne telle station où la taxe sera plus élevée pour telle autre où elle le sera moins.

La loi du 13 avril 1910, en affectant le produit de la taxe aux travaux d'hygiène, aura rapidement pour effet de faire réputer peu hygiénique toute station qui ne sera pas déclarée hydrominérale ou climatique et obligera les stations à demander leur érection en station hydrominérale ou climatique. Or, ce titre n'a été jusqu'ici accordé qu'aux seules stations qui ont déclaré vouloir établir la taxe de séjour et il a été refusé au moins à une station qui l'avait demandé sans s'engager, en même temps, à établir la taxe. L'argument qui a prévalu est que cette station a, comme toutes les autres, besoin d'argent pour réaliser les améliorations réclamées par l'hygiène ou perfectionner encore celles qu'elle a réalisées, et qu'elle n'avait que faire d'un titre dont elle ne semblait vouloir user que comme moyen de réclame.

Une récente addition au règlement d'administration publique du 26 juin 1911 détermine les conditions dans lesquelles peut être rapporté le décret érigeant une station en station hydrominérale ou climatique (décret du 11 décembre 1912). Il n'est pas douteux que ce décret vise les stations qui, après avoir annoncé leurs projets d'établir la taxe de séjour, chercheraient ultérieurement à se dérober à leurs engagements. De plus, la loi du 15 juin 1907 sur les jeux n'est appliquée désormais qu'aux seules stations déclarées hydrominérales ou climatiques par la Commission permanente des stations hydrominérales et climatiques de France et cette Commission n'accorde ce titre qu'aux seules stations qui déclarent vouloir établir la taxe de séjour.

En conséquence, les stations qui n'établiront pas la taxe de séjour s'exposent à se voir retirer le titre de stations hydrominérales ou climatiques, à se voir retirer l'autorisation toujours révocable de pratiquer les jeux et à être réputées peu hygiéniques.

Il reste la question de la concurrence au moyen du taux moins élevé de la taxe. Il n'est que trois stations de l'Est, assez voisines et assez similaires pour lesquelles cette question a une réelle importance ; partout ailleurs, elle est vaine. N'existe-t-il donc pas, entre le prix des traitements pratiqués dans une station ou dans une autre, des différences beaucoup plus grandes que celles qui pourraient résulter d'une dissimilitude de taxe ? Le prix du voyage en chemin de fer, à lui seul, ne réalise-t-il pas souvent des différences appréciables et cela empêche-t-il les personnes qui veulent ou ont besoin d'aller dans telle ville plutôt que dans telle autre d'aller où ils ont d'abord l'intention d'aller ? Non, assurément.

Toutes les craintes que nous avons trouvées exprimées avec plus ou moins de conviction, un peu partout il est vrai, sont enfantines ou ridicules, et seules en pâtiront les stations qui persisteront à les éprouver. Elles seraient bien mieux inspirées en cherchant à établir une taxe raisonnable sur les bases que nous venons d'énoncer et nous ne doutons pas que le travail dont vous nous avez chargé, sous l'heureuse initiative de M. le sénateur Forsans, ne contribue à les rendre à une plus saine appréciation de la situation qui leur est faite par la loi du 13 avril 1910 et des avantages qu'elles doivent en attendre.

Voici, Messieurs, les conclusions que votre Commission soumet à votre appréciation :

1° Les stations hydrominérales et climatiques françaises ont intérêt à instituer des taxes de séjour équivalentes, permettant aux personnes qui les fréquentent de connaître approximativement d'avance les sommes qu'elles auront à payer de ce fait, quelle que soit la station dans laquelle elles se rendent.

2° Il est indispensable, pour atteindre ce but, d'établir une base unique de comparaison des maisons des différentes stations.

3° Cette base doit être le prix de la journée d'hôtel, évalué d'après le prix moyen pratiqué pendant toute la durée de la saison officielle.

4° **Les hôtels seront divisés en cinq catégories, suivant** l'importance du prix de la journée d'hôtel :

Catégorie A : hôtels dont le prix de la journée est inférieur à 5 francs.
— B : hôtels dont le prix varie de 5 fr. à 7 fr. 95.
— C : — — de 8 fr. à 11 fr. 95.
— D : — — de 12 fr. à 24 fr. 95.
— E : hôtels dont le prix est de 25 fr. et au-dessus.

Les clients des hôtels appartenant à la catégorie A seront exempts de la taxe. La taxe aura de une à quatre classes, suivant que la station possédera des hôtels de deux, trois, quatre ou cinq des catégories ci-dessus.

5° **Les chambres isolées** et les chambres des maisons meublées louées avec la stipulation que le service est à la charge du logeur seront également réparties en cinq catégories :

Catégorie A : chambres louées moins de 1 fr. 25 par jour.
— B : — — de 1 fr. 25 à 2 fr. 95.
— C : — — de 3 fr.   à 4 fr. 95.
— D : — — de 5 fr.   à 7 fr. 95.
— E : — — 8 fr. et au-dessus.

Les clients des maisons appartenant à la catégorie A seront exempts de la taxe. La taxe aura de une à qnatre classes, suivant que la station possédera des chambres meublées de deux, trois, quatre ou cinq des catégories ci-dessus.

6° **Les appartements meublés** loués avec la stipulation que le service reste à la charge des locataires, seront rattachés à l'une des catégories ci-dessus, suivant le nombre des locataires occupant l'appartement. Le classement sera effectué d'après le prix journalier global de location, diminué de 10 o/o et divisé par le nombre des occupants. Suivant que le quotient obtenu rentrera dans les limites des chiffres indiqués pour l'une ou l'autre des catégories ci-dessus, les locataires de l'appartement paieront la taxe exigée des locataires des maisons meublées de même catégorie.

Un barême dressé à l'avance indiquera à quelle catégorie appartient l'appartement, suivant le nombre de ses occupants.

7° **Les villas meublées** louées avec la stipulation que le service reste à la charge des locataires seront rattachées à l'une des catégories prévues pour les maisons meublées, suivant le nombre des locataires occupant la villa. Le classement sera effectué d'après le prix journalier global de location diminué de 20 o/o et divisé par le nombre des occupants. Suivant que le quotient obtenu rentrera dans les limites des chiffres spécifiés pour l'une ou l'autre des catégories de maison meublée, les locataires de la villa paieront la taxe exigée des locataires des maisons meublées de même catégorie.

Un barême dressé à l'avance indiquera à quelle catégorie appartient la villa, suivant le nombre de ses occupants.

8° Les bases ci-dessus énoncées ne doivent pas figurer dans la délibération du Conseil municipal demandant l'établissement de la taxe, sous peine d'entraîner l'obligation, pour les hôteliers et logeurs, d'afficher le prix de location de leurs chambres, appartements ou villas, dans les locaux loués (article 5 du décret du 26 juin 1911). Ces bases serviront à établir *dans chaque station* un classement au moyen de la valeur locative de la maison ou partie de maison à usage d'hôtel ou de logement loué en meublé.

9° Le mode d'assiette de la taxe qui, à défaut de l'affichage volontaire du prix de location des locaux loués, pourrait figurer, en application de l'article 3 du décret du 26 juin 1911, sur la délibération du Conseil municipal demandant l'établissement de la taxe de séjour sera basé sur la *valeur locative* afférente à la maison ou partie de maison à usage d'hôtel ou de logement loué en meublé qui sert de base à la patente.

10° Le classement des hôtels serait effectué d'après le *quotient* obtenu en divisant la *valeur locative globale*, déterminée comme il est dit ci-dessus, par le *nombre de pièces à usage de chambres à coucher*, en comptant ou non pour deux, suivant les stations, les chambres habituellement garnies de deux lits.

11° Le classement des chambres isolées et des maisons meublées serait effectué *de la même façon* que le classement des hôtels, mais *séparément*, le quotient qui servira à les classer devant nécessairement être différent et moins élevé que le quotient qui servira à classer les hôtels du fait que la valeur locative des hôtels porte non seulement sur les chambres, mais encore sur toute la partie de l'hôtel affectée au service de l'alimentation de ses locataires, tandis que le service de l'alimentation n'existe pas dans les maisons meublées.

12° Le classement des appartements meublés serait effectué d'après le *quotient* obtenu en divisant la *valeur locative globale*, déterminée comme il a été dit précédemment et *diminuée de 10 0/0*, par le *nombre des occupants* et *par comparaison* avec les quotients précédemment obtenus pour le classement des maisons meublées.

Un barême dressé à l'avance indiquera à quelle catégorie appartiendra l'appartement, suivant le nombre des personnes qui l'occuperont.

13° Le classement des villas meublées serait effectué d'après le *quotient* obtenu en divisant la *valeur locative globale*, déterminée comme dans les espèces précédentes et *diminuée de 20 0/0*, par le *nombre des occupants* et *par comparaison* avec les quotients obtenus pour le classement des maisons meublées.

Un barême dressé à l'avance indiquera à quelle catégorie appartiendra la villa, suivant le nombre des personnes qui l'occuperont.

14° Le nombre des catégories à établir dans chaque station, pour chaque espèce de locaux loués en meublés, devra nécessairement être le même que le nombre de catégories établies, comme il a été dit précédemment pour la comparaison des hôtels et des maisons appartenant à différentes stations. Ces catégories seront désignées, pour plus de commodité, par les mêmes lettres A, B, C, D, E.

15° Le taux de la taxe établi, soit par saison ou par jour, soit par saison et par jour, sera, suivant les catégories de maisons, de :

Classe A : o (exempte de la taxe).
- — B : de 2 à 5 fr. par saison, de o.10 à o.25 par jour.
- — C : de 5 à 10 fr.   —   de o 20 à o.50   —
- — D : de 10 à 20 fr.   —   de o.40 à 1 fr.   —
- — E : de 20 à 3o fr.   —   de o.75 à 1.5o   —

Les classes, désignées par une lettre déterminée, correspondront aux catégories désignées par la même lettre dans les classements précédents.

16° Indépendamment de l'affichage du tarif de la taxe prescrit par l'article 7 du règlement d'administration publique du 26 juin 1911, la catégorie de l'hôtel, de la chambre isolée ou de la maison meublée, et la classe de la taxe qui lui est applicable, sera affichée d'une façon apparente dans chaque maison et à proximité de ce tarif ; une mention spéciale spécifiera que l'assujetti est soumis à l'application de la classe du tarif applicable à la maison principale, même s'il est logé dans une annexe momentanée de l'hôtel ou de la maison meublée.

Dans les appartements et les villas meublés, le barême indiquant à quelle catégorie appartiennent les locaux occupés, suivant le nombre des occupants, et la classe de la taxe qui leur est applicable, suivant les catégories, sera affiché d'une façon apparente à proximité du tarif de la taxe.

17° Les villas et les appartements composés d'au moins 3 pièces à usage d'habitation, appartenant à différentes stations, pourront aussi être comparés entre eux d'après leur prix moyen de location pendant la saison officielle et taxés à raison de 4 o/o du prix de location correspondant à la durée du séjour imposable, quels que soient le nombre et la qualité des occupants et la durée de leur séjour.

Ces bases de comparaison et ce taux ne figureront pas dans la demande d'établissement de la taxe adressée par le Conseil municipal sous peine d'entraîner pour les logeurs l'obligation d'afficher le prix de location de leurs appartements ou de leurs villas dans les locaux loués.

Les villas et les appartements meublés seront classés *dans chaque station* d'après la *valeur locative* propre à chaque appartement ou villa et imposés d'après *un tant pour cent de cette valeur locative* à déterminer par comparaison avec les données ci-dessus.

Une affiche spéciale placée d'une façon apparente près du tarif de la taxe indiquera à quelle somme s'élèvera la taxe à laquelle seront assujettis les occupants, quels que soient leur nombre, leur qualité et la durée de leur séjour.

18° La taxe sera établie de préférence par saison ou par semaine et son paiement sera exigible au bout d'un séjour déterminé dans la station, afin que l'hôtelier ou le logeur puissent facilement en percevoir le montant avant le départ de l'assujetti et indépendamment de la perception de son loyer.

Dans le cas où la taxe sera établie par journée de séjour, la taxe échue pourra être exigible à la fin de chaque semaine, afin d'en assurer plus facilement le paiement.

19° Seront exemptés de la taxe de séjour :

a) Les enfants au-dessous de 5 ans ;

b) Les personnes inscrites au bureau de bienfaisance ou sur les listes de l'assistance médicale gratuite, en vertu de l'article 14 de la loi du 15 juillet 1893, si elles sont logées dans des locaux appartenant à la catégorie A ;

c) Les colonies scolaires et les enfants envoyés par des œuvres d'assistance, ainsi que leurs surveillants ;

d) Les sous-officiers et soldats en activité de service ;

e) Les personnes participant au *fonctionnement* de la station, limitativement déterminés dans la délibération du Conseil municipal par laquelle est formulée la demande (art. 3 de la loi du 13 avril 1910) ;

f) Les médecins, leurs femmes et leurs enfants non mariés, les savants et les étudiants en médecine en mission ou en voyage d'études, ou autres personnes participant au *développement* de la station, limitativement déterminés dans la délibération du Conseil municipal par laquelle est formulée la demande (art. 3 de la loi du 13 avril 1910).

20° Bénéficieront d'une réduction de taxe :

a) Aussi large que possible : les membres d'une même famille.

La réduction ci-dessus sera accordée même si le chef de famille, qui devra toujours être compté comme premier membre de la famille, bénéficie d'une exemption de taxe ou d'une réduction à un titre quelconque ;

b) De 50 o/o, les domestiques, infirmiers ou garde-malades amenés par les assujettis.

***

Les conclusions de ce rapport ont été adoptées sans modi-
fication par la Commission exécutive du Congrès des Villes
d'eaux, Bains de mer et Stations climatiques, dans sa séance
du vendredi 14 mars 1913.

Issoudun. — H. GAIGNAULT, imp., 15, rue Victor-Hugo.

www.ingramcontent.com/pod-product-compliance
Lightning Source LLC
Chambersburg PA
CBHW061750060726

47597CB00007B/2862